Jürgen Volbracht

Es ist wie es ist

Gedichte

Umschlaggestaltung, Herstellung und Verlag:
Books on Demand GmbH, Norderstedt
ISBN 978-3-8334-7189-6

Inhalt

Vorwort

Es ist wie es ist
und nichts ist
wie es ist
und es ist auch
fürchterlich.

Es ist wie es ist
und Du bist
wie Du bist
und Du bist
es.

I Fürsorge

Fürsorge

Am Morgen
denk an Dich
am Mittag
denk an Dich
am Abend
denk an Dich.
Dazwischen
denk an Dich
wie ich.

An Dich

Wenn Du
denkst
ich
denke nicht
    an Dich
denkst Du
nicht
    an Dich.

Gruß in die Wüste

Hallo!
Die Wüste lebt!
Sagt man(n).
Die Wüste?
Oder die Wüste?
Die Wüste lebt!
Gut so!

Über berühmte
und geliebte Abkürzungen

I.N.R.I
Jesus
von Nazareth
König
der Juden.

I.L.D.
Ich
liebe
Dich.

Süßer Diebstahl

Kennst Du einen Küchentisch
mit Deinen Locken?
Hast Du
die Teller schon gesehen mit
Deinem Blick?
Aus der Babyflasche
dringt Dein Lachen
gibst Du
die Dinge mir zurück?

Ohne Titel

Mein Denkmal
ist
Dein
Denk mal mein

Spießer

Es kann nicht
Alles geben
sagen Sie
die meist nicht einmal
Alles wollen
auch
kennen Sie
weder
die Theorie des Unendlichen
noch Dich.

Alte Liebe

Es hat
mich schon gefreut
wie Sie
nach Jahren
über ihr Alter
klagte.

Ohne Titel

Wer glaubt
es gibt ein Alter
für die Liebe,
ist
zu jung
für sie

Ein Ge-
dicht

Duundich

Homage an Humphrey Bogard und Dich

Schau Dir
in die Augen, Kleines

was Du siehst
gefällt mir.

II Was nicht geht...

"Was nicht geht ..."

Mein Gefühl
für Dich
geht nicht
sagt man.

Mein Gefühl
für Dich
geht nicht -
bleibt einfach
- fühlt Mann.

Die Träne im anderen Auge

Sechs Fältchen
krönen
Ihre Augen.
Zwei Wimpernpaare
fächern sie.
Und
kein Blick
für ihn.

Ohne Titel

Unser Glück
ist auf einem Boot
schwimmt
in unseren Tränen.

Je mehr Tränen fließen
desto länger
ist die Reise.

Jede geweinte Träne
in der Liebe
ist ein Verbrechen
an Ihr.

Jede nicht geweinte Träne
in der Liebe
wäre ein Verbrechen
an der Wahrheit.

Beziehungswitz (schlechter)

Mein Scherz
traf Ihr Herz
und der Schmerz
saß im Herz
und ich
mit dem Scherz
allein.

Beziehungswitz (guter)

Wir lachen!

Notwendige
Reaktionen

Wenn ich
Dir weh getan habe,
sitze ich
in Deinen Tränen,
werde aufgelöst
weggespült
von Dir.

Der bittere Geschmack
auf der Zunge
ist ein Teil
von mir.

Bescheidene Wünsche

Wär' ich
eine Motorsäge
könnte ich wenigstens
in Dein Ohr
kreischen
ungeliebt
aber laut in Dir.

Orientierungsschwäche

Du hast
schlechte Karten
mein Lieber!

Dabei
zeigen alle seine
Karten
nur
den Weg zu Ihr.

Unglückliche Liebe

Darüber sprechen
hält nur
die Erinnerung wach.

Die Liebe leben
läßt sie vielleicht
eher sterben.

Vorfahrtsverletzung

Mein Herz
ist traurig
sie war vorgefahren.

Kein Liebchen

Liebe ja
Liebchen nein
Liebe klein
soll nicht sein.

Entfernung

Du denkst an mich
Ich denk an Dich
Wer läßt nun
wen - im Stich?
Man(n) weiß es nicht.
Man
sieht sich nicht.

Beziehungskrise

ICH
habe
Angst
ER
führt ein
Doppelleben.
Seins und
meins.

Bruchrechnung

Ein Mann
und
zwei Frauen,
drei Dividenden.

Glaube an das Himmelreich

Ich seh es
schon sterben,
das Stück
unserer Sehnsucht
setzen wir ihm
still ein Kreuz
mit Geburtszeichen,
vor unseren Namen

Poetische Verzweiflung

Was nützt
die Flasche an der Wand
und ihre tausend Scherben.
Sie liegt da
und Du bist fort
und anders wird´s nicht werden.

Verzeih

Es tut
mir Leid,
ich glaube
ich würde es
wieder tun.

Machbarkeit

Ich hatte
den Mond gemietet
und die Sterne.
Ein Zimmer
und die frische Luft.
Doch auf ihr Herz
mußte ich hoffen.

Gemeiner Gedanke

Wenn ich
ihre Augen sehe,
möchte ich sogar
ihre Träne sein.

Unmögliche Liebe

Wenn man rechnet
bleibt nicht viel übrig.
Doch
die Zeit zum Rechnen
ist vertan.

Armer König

Ich schicke
ihr die Brücken.
Sie läßt
die Tränen darunter
fließen.

Ich schenke
ihr die Sterne.
Sie zieht
die Wolken
davor.

Tele-Vison

Ich sehe
fern.
Doch Du
fehlst
immer noch.

III Entzücken

Entzücken

Ein paar
Striemen
auf dem Rücken.

Anatomische Annäherung

Ich glaube
ich werde noch einmal
als Deine Nase
geboren.

Dann bin ich mitten
in Deinem Lachen
und
darf auch nachts
bleiben.

Glatteis

Der Aufprall
nach dem Ausrutscher
auf Deinen Lippen
ist genau so hart -
wie auf Eis.

Aber
während des Fallens
bin ich glücklich.

Süße Geheimnisse

Dachte an Sie -
ihren Nacken
ihre Bluse
ihre Liebe
und Sie -
bot mir
meine Hand an.

Anatomisches

Es sind die Augen,
sagte er sich
und dachte an die Haut
und die Haare,
den Mund und die Brust.
Nur die Beine
konnte er nicht leiden.
Auf denen war sie gegangen.

Und wenn´s
das letzte Mal wär ...

ich muß
noch einmal
diesen Mund küssen
diese Brüste berühren
diese Schenkel verwöhnen
Und wenn´s
das letzte Mal wär
ich muß -
jedes Mal.

IV geh dicht!

geh dicht

damit
Du
den Kontakt
nicht verlierst !

Ein Gehdicht

Scheiße!
Schon wieder
in die Hacken
getreten.

Ohne Titel

Wir sind
so große
Zeitensehner
erst vor
und dann
zurück.

Umzug Berlin - Solingen 1986

dröhnend
lachte der Bär
über das kleine Solingen.

verdutzt
sah er auf den blinkenden Stahl
in seinem Herzen -

den Blick schon halb
gebrochen.

Erziehung

Die Kinder
auf den Tod
ihrer Eltern
vorbereiten.

Freundesleid

Dein Leid
bleibt Dein Leid
wie
Mein Leid
bleibt Mein Leid
Doch
Dein Leid
tut mir (auch) weh.

Praktische Philosophie

Wo ein Wille
ist auch
ein wir.

Kompliziert

Einfach
so sein
wäre
nicht Sein.

Präsenz

Was war
ist wahr !
Und was
ist ?

Nachfolger

Arme Teufel
eigentlich.
Lernen ihre
Vorgänger
nie richtig kennen.

Zitat und Realität

Der Kragenbär
holt sich munter
einen nach dem anderen
runter.

Die Kragenbärin
sieht dies bitter
schließlich ist der Bär
Ihr Ritter!

Mein Kind ist krank

Viel
Zu
Blaß
und
Zu
Ruhig
und
Zu
Traurig
und
So hilflos -
ich auch.

Der Stau

ist ein Naturprodukt
wie der Mensch
er schafft sich
seine Größe.

Ankes Veränderung

Erst
mein großes „D"
hat mich
berühmt gemacht!
Danke!

Spielerei mit den Nachbarn

Nach Jo
nach ach
nach im
nachbar joachim

Keine echte Frage

wieviel Frauen
kann
ein Mann
lieben?

.

.

.

viel -
mehr!

Heirat

Ein Versprechen
in der Hoffnung
sich nicht
zu versprechen.

Trostverlust

Wie kann
Ich
trösten
wo ich nicht
Er bin?

Abschied

Wir merken
oft erst im Tod
daß Abschied nehmen nur im Leben geht.
Vielleicht sind
deshalb
viele Hinterbliebene
so traurig.

Alle Bücher (kurzform)

ABCDEFG -
HIJK,
LMNOP:
QRST;
UVWXYZ.
ÄÖÜ!?

Bestseller

Es sind
die ungeschriebenen
Gedichte,
die wir kennen.
Wir allein.

Ohne Titel

Anschrift
Zuschrift
Duschrift
Ichschrift
Schriftwechsel

Ich
muß Dich
gerne haben
sagte Er
schaute in den Spiegel
und fand
Autosuggestion
zum Kotzen !

Chauvinismus

Der Geburtstag
eines Mannes -
wie die Geburt
eines Stammes.
Konzentrische Berge
und
männliche Zwerge.
Doch
sie kommen hoch.

Fünfzig Jahre

Keine Angst!
Was ist schon
       fünfzig?
Vor   Fünzig Jahren
war   fünzig
       kein Alter.
In   fünfzig
auch nicht!

Zustandsbeschreibung

Die Probleme
werden gesehen -
natürlich!

Sie werden
behandelt -
natürlich!

Diskutiert -
akademisch!

Ist's der dicke Hals
oder
die enge Schlinge
die
den Tod gebracht hat?
Interessant!

Grüße aus Italien (Peschiera)
1990, Juni

Aus einem herrlichen Land
warme Grüße.
Dies vorab.
Dann Zustandsbeschreibung:
Schwarz - rot - gold - Tor.
Schwarz - rot - gold - Bierhumpen.
Nation Olé!
5 zu 1 (wie BRD - DDR)
Schwarz - rot - gold - wie die Farben
eines Brandes.
Es leben die Feuer -
wehren!
Gnade Sankt Florian.

Kuß und Gruß!

Vereinigung (Kopulation)

**Deutsch
ist in Mode.
Ich plädiere
für Striptease.**

Deutsche Mark

Ich bin klein
mein Herz ist rein
soll niemand
drin wohnen
als D-Mark allein
so soll es wohl sein.
(DDR-Gebet zum 01. Juli 1990)

Tragödie in Rostock

Der Held
wirft keine Brandbomben
der Held
applaudiert nicht den Mördern.

Der Held
macht gar nichts
der Held
geht im Konflikt
unter.

Think positiv

Nicht
alle Seile
an denen
Mensch
hängt
sind an
einem Galgen
befestigt!

Chemieunfall

Es besteht
überhaupt keine Gefahr!
- reine Vorsichtsmaßnahme -
Stellen Sie bitte
das Atmen ein!

Medienzeitalter

Es kann
gar nicht sein,
daß Frieden ist.
Sie haben es
nicht gemeldet!